ODE
SUR
LA PAIX,

Par M. RACINE, de l'Académie Royale des Inscriptions & Belles-Lettres.

A PARIS,

Chez JACQUES GUERIN, Libraire-Imprimeur, Quai des Augustins.

M. DCC. XXXVI.

LETTRE
DE MONSIEUR RACINE
A M. **.

A Soissons ce 30. Mars 1736.

Vous me reprochez, Monsieur, d'avoir quitté les Muses, & vous me demandez quand on verra enfin le Poëme de la Religion. Cette matiere est si importante, que ce n'est pas assez pour un pareil Ouvrage, des neuf ans de repos qu'Horace demande. Je pratique à la rigueur le conseil de M. Rousseau : j'ai passé la moitié de ma vie à composer ce

Poëme; je compte paſſer l'autre moitié à le corriger. J'ai d'autant plus de raiſon, que je ſuis diſtrait continuellement par des occupations auſſi étrangeres à la Religion qu'à la Poëſie. Cependant le grand événement que nous attendons, m'a réchauffé, & m'a inſpiré une Ode; mais comme elle part d'une Muſe qui ſe réveille après avoir dormi long-temps, je crains qu'elle ne ſe ſente de ſon aſſoupiſſement.

Je vous envoye cette Ode. Vous êtes un ami trop véritable, pour la montrer, ſi elle n'en vaut pas la peine, & vous êtes plus capable qu'un autre d'en juger, par votre attachement toûjours conſtant pour le bon goût; fidélité qui devient rare.

J'ai d'autant plus lieu de craindre pour mon Ode, que je ne ſuis point accoûtumé au ſtile des loüanges : j'ai toûjours été perſuadé qu'un Poëte honnête homme, doit éviter la flatterie, preſqu'autant que la médiſance; mais ſi c'eſt une baſſeſſe de prodiguer fon encens mal-à-propos, ce feroit un crime dans une pareille occafion, de ne pas l'offrir. Il eft vrai que fon Eminence n'en a pas befoin; la voix du Peuple élévera fa gloire beaucoup mieux que nos Vers. Je ne doute pas cependant que tous les Poëtes ne s'animent aujourd'hui; ils chanteront mieux que moi; mais j'aurai toûjours la fatisfaction d'avoir commencé.

J'ai établi le lieu de ma Scene fur le Parnaffe, & j'y ai placé le Temple de la Gloire. Je me fuis crû cette fiction permife: quoique les Poëtes ne foient pas grands édificateurs, comme difoit Voiture, ils ont cependant la liberté de bâtir partout où ils veulent, furtout le Temple de la Gloire, pour lequel je ne vois pas qu'ils ayent encore choifi un terrain fixe. Je laiffe à quelque humeur trifte la peine de l'éléver fur une montagne aride & efcarpée. Pour moi j'aime mieux croire que les grands Hommes fe raffemblent après leur mort fur le Parnaffe. Ils ont été pendant leur vie amis des Mufes; il n'eft point de grand Homme, même fans être Poëte, qui ne les aime;

Carmina amat quifquis carmine digna gerit.

Il eft donc naturel de placer les ames des Heros parmi les Mufes, à la Cour du Dieu qui difpenfe l'Immortalité. Je fuis, Monfieur, avec les fentimens de l'amitié la plus fincere, &c.

ODE
SUR LA PAIX.

DANS ces retraittes fortunées,
Sejour de gloire & de repos,
Où de leurs vertus couronnées
Regnent les ames des Heros ;
Près du Permesse, au milieu d'elles,
La troupe des Sœurs immortelles
Chantoit les armes des François ;
Nation dont l'heureux partage,
Dans tous les temps fut le courage,
Et la tendresse pour ses Rois.

ADMIREZ, difoit Terpfichore,
Ce feu qui la porte aux combats:
Elle venge un Roi qu'elle adore,
L'amour précipite fes pas.
L'Aigle fuperbe eft allarmée......
De Richelieu l'ame charmée
S'émeut au bruit de ces chanfons;
Elle entend parler de vengeance,
Elle fe flatte que la France
N'a point oublié fes leçons.

CEPENDANT Virgile s'écrie:
La douleur n'eft donc que pour moi!
O Mantouë! ô chere Patrie!
Ces guerriers vont fondre fur toi.
Ton lac te rend inacceffible;
Mais quel obftacle eft invincible
A leur étonnante valeur?
Philipsbourg pourra te l'apprendre;
Le Rhin qui voulut le défendre,
N'en fit que hâter le malheur.

Rassûre-toi, tout est tranquille,
Lui répond le Dieu des neuf Sœurs;
Moi-même j'ai craint pour ta ville,
Qui n'eût plaint l'objet de tes pleurs?
Mais un jeune & nouvel Auguste
Eteint le courroux le plus juste,
Et vient encore de ses mains,
Fermer le Temple redoutable,
D'où la Discorde impitoyable
Souffloit la mort sur les humains.

Deja par ses complots terribles,
Elle ébranloit tous les Etats,
Et déjà des Peuples paisibles
S'animoient au bruit des combats.
Dans une querelle étrangere
Ils vouloient mesler leur colere,
Tout étoit prêt à s'enflammer;
Et peut-être, d'une étincelle,
Le feu d'une guerre cruelle
Alloit pour jamais s'allumer.

FAUT-IL donc que le fer décide
De tous les differends des Rois?
Et que Mars, arbitre homicide,
Prouve leurs raisons & leurs droits?
Juge affreux qui les authorise!
Au moindre intérêt qui divise
Ces foudroyantes Majestez,
Bellone porte la réponse,
Et toûjours le salpêtre annonce
Leurs meurtrieres volontez.

PUISSE un Roi, l'amour de la terre,
Leur servir d'exemple aujourd'hui.
S'il a pris en main son tonnerre,
Il n'a frappé que malgré lui.
A sa bonté rendez hommage,
Tristes victimes de l'orage,
Pourquoi l'aviez-vous excité?
Vous qui craignez le bras terrible
D'un Prince autrefois si paisible,
Pourquoi l'aviez-vous irrité?

C'en est fait, il daigne suspendre
Ces armes que vous redoutez.
Consolez-vous, il va vous rendre
Les places que vous regrettez.
Voisins, relevez vos barrieres,
L'ardeur d'étendre ses frontieres
N'a point animé ses projets.
Cessez enfin, cessez de craindre;
Vous n'aurez jamais à vous plaindre
Que de n'être point ses sujets.

Avancez l'instant favorable
Qui rendra l'univers heureux,
Et d'une Paix si desirable,
Hâtez-vous d'affermir les nœuds.
De ces conférences fertiles
En débats toûjours inutiles,
Epargnez les froides longueurs.
Laissez, laissez à la prudence
Du Mentor si cher à la France,
Le soin de réünir les cœurs.

A sa tendresse paternelle
Remettez tous vos intérêts ;
Et reposez-vous sur le zele
Du Confident de ses secrets.
Bientôt charmés de votre arbitre,
Vous direz : » C'est à juste titre
» Qu'on nous vante son équité.
» Notre bonheur est son ouvrage ;
» Tant de vertus nous font un gage
» D'une longue tranquillité.

Dans les travaux inévitables,
Dont les Monarques sont chargez,
Par ces Ministres respectables,
Heureux ceux qui sont soulagez ;
Mais le Ciel qui les leur prépare,
Reserve le don le plus rare
Pour un Monarque bienfaisant.
Son attentive providence,
Au *fameux pere de la France,
Donne un Amboise pour présent.

* Louis XII.

Exempt de faste & d'avarice,
Ce fut lui qui, simple en ses mœurs,
Par sa douceur & sa justice
Grava son nom dans tous les cœurs.
Est-ce encor lui que l'on admire ?
Quel sage dans le même Empire,
Range aussi les cœurs sous sa loi ?
Il étend plus loin sa puissance,
Il force à la reconnoissance,
Jusqu'aux ennemis de son Roi.

Faut-il s'étonner s'ils méprisent
Les richesses & les Palais,
Ces hommes qui s'immortalisent
Par la grandeur de leurs bienfaits ?
Qu'ont-ils besoin qu'un édifice,
Sur son fastueux Frontispice,
Porte leurs noms pour ornement ?
Ils vivront assez dans l'Histoire ;
Le bien public est de leur gloire
L'inébranlable monument.

DE ces paroles retentirent
Les échos du facré Vallon,
Et tous les Heros applaudirent
A la loüange d'Apollon.
Le feul Armand, en fa préfence,
Dans un refpectueux filence,
Etouffa fon jaloux tourment.
Sa cendre ici-bas fut troublée,
Et de fon pompeux Maufolée
Sortit un long gémiffement.